"LETTERE di G"

Prefazione

Come definire questo libro?

Non è un romanzo,non è un racconto,non è un saggio,non è una biografia,non sono le istruzioni del vostro nuovo smartphone e nemmeno un libro di ricette.

E'la mia Opera Prima (parolone ad effetto!).L'ho chiamata Lettere di G per i seguenti motivi: G sono io,Lettere perché sono un insieme di pensieri,di colori,di immagini mentali legate e slegate allo stesso tempo e simbolicamente inviate a qualcuno che non mi conosce ma col quale voglio avere un approccio amichevole.

Quasi una presentazione del mio pensiero in relazione ad alcuni temi che ritengo importanti ed interessanti rivolti a chi in genere ama leggere e quindi meditare. Forse vi chiederete"ma chi ti ha detto che vogliamo conoscerti?" E non avete torto. Ma se state leggendo questa prefazione vuol dire che perlomeno avete il libro tra le mani.

Quindi già che ci siete mettetevi comodi,tazza di tè alla vostra destra,copertina di lana sulle gambe se è inverno, una candela profumata accesa e statemi ad ascoltare. Alla fine spero che ritroverete nelle righe che seguono anche un po' di voi che siete, per citare parole di qualcun'altro, esseri umani che hanno il coraggio di essere umani.

" Siamo musica e parole"

Quando veniamo al mondo si dice che il nostro primo ricordo sia legato alla musica.
Non una voce un volto un odore un sapore
ma un suono, una melodia. Sono stati con-
dotti molti esperimenti per sostenere questa teoria. Alcune mamme e alcuni papà
mentre il loro nascituro era ancora al si-
curo nel grembo,hanno ascoltato più volte
durante il periodo della gravidanza la
stessa canzone o melodia.

Una volta che il piccolo è nato ed è cre-
sciuto sino all'età in cui poteva comunicare chiaramente le proprie sensazioni a
sua insaputa gli hanno fatto ascoltare
nuovamente quelle note. Con grande sorpre-
sa la maggioranza dei soggetti ha afferma-
to di riconoscere la canzone e si sono e-
mozionati. Anche io l'ho fatto. Con mio
figlio. Dopo quasi 15 anni dalla sua nascita. Ed è andata esattamene così. "Ma io
ho già sentito questa canzone". La mamma,
" è quella che ascoltavo sempre quando ero
incinta". Un emozione grandissima.

Il primo ricordo, musica e parole. Questo
mi ha fatto capire in che misura la Musica
può incidere nella nostra esistenza e che
probabilmente l'amore, la passione che la
maggioranza prova per la musica è figlia
di un testamento genetico o di una inclinazione portata avanti di padre in figlio.

Mi spiego meglio. Se i genitori amano la musica sarà assai probabile che i figli provino i medesimi sentimenti. Qualcuno dirà che "è così per ogni passione, i genitori cercano sempre di trasmettere le proprie ai figli". Ed è vero, ma quando parliamo di amore per la musica le cose cambiano, lo sforzo cambia. Mentre per altre forme d'arte è la pratica ,la disciplina a decretarne la piena consapevolezza e padronanza, vedi il dipingere scolpire fotografare danzare suonare, nella musica l'amore si trasmette soprattutto a livello emozionale sfruttando un senso in particolare, l'udito.

La musica è la riproduzione ordinata,ritmica e melodica di un suono. Per i nostri timpani passano suoni in continuazione sia quando siamo svegli che quando dormiamo. Il rumore del materasso quando ci alziamo al mattino, quello delle ciabatte che ci conducono nel bagno,quello dell'acqua che scorre nel lavandino o dello spazzolino che sfrega contro i nostri denti. La serratura di casa,il motore della nostra auto,del finestrino elettrico, del budge che segnala il tuo ingresso al lavoro. E milioni e milioni di altri suoni acuti,sordi,metallici,dolci. E in mezzo a tutto questo regna lei, la musica vera e propria, quella scritta su spartito e suonata dalla tua autoradio o sparata nelle orecchie dal tuo smartphone o quella che gira sul tuo giradischi dal suono inglese e che rimbalza contro i muri della stanza.

La musica è così potente perché è dono di Dio. Un mondo sordo oppure afono o che suonasse come un vecchio modem 56k poteva tranquillamente esistere, ma chi ha progettato la vita ha deciso di dotarla di un elemento che fa la differenza come pochissimi altri. Perché? Prova a pensare alla gamma di sentimenti che le note possono rievocare e a loro volta quante immagini mentali vi sono collegate. La tua foto sulla spiaggia di Rimini, quella sera in pizzeria, la gita in montagna con i tuoi, il viaggio in auto, la partita di pallone, gli esami a scuola, il tuo film preferito, il tuo libro preferito, il primo giorno di lavoro, la nascita e la morte, un dolore, una gioia, una vittoria o una sconfitta, un addio, ritrovarsi, quella volta che stavi morendo di crepa pelle dalle risate e quella che invece eri senza parole vuoto come un palloncino sgonfio, quando hai provato la tua più grande soddisfazione e la tua più grande delusione, quando ami e quando odi, quando corri e quando stai seduto immobile a fissare nel vuoto, quando la natura ti ha lasciato a bocca aperta per la meraviglia e quando invece ti ha fatto paura per la sua forza distruttrice.

Se ci pensi per ogni uno di questi momenti, ricordi, attimi, hai una colonna sonora che ti ha accompagnato e continua a farlo, anche inconsapevolmente.

Ogni immagine mentale puoi collegarla ad una musica, canzone, ritornello e tutto questo è sublime. Chi ama la musica in quanto tale, non è legato ad un singolo genere musicale anche se ovviamente ha le proprie preferenze. Se la ami sino in fondo, quando senti uno strumento o una voce non fai distinzioni.

Ti prendono e ti portano via a prescindere.

Melodica, Opera, Strumentale, Classica, Pop, Rock, Folk, nella tua lingua o in lingua straniera ciò che conta è quell'insieme di note e di parole che ti pervadono e ti portano a muovere il piede o la testa, a schioccare le dita o a chiudere gli occhi lasciandoti cullare dolcemente.

La musica è una amica. Quando la cerchi lei c'è, e nella forma che più ti aggrada in quel momento. Difficilmente ti delude e semmai accade la colpa è di chi la suona o di chi la canta. Concludendo, se ancora hai dei dubbi, sappi che io amo la musica come poche altre cose al mondo e ringrazio chi ci ha dato questo dono di inestimabile valore perché noi siamo fatti di polvere, acqua, ma anche di musica e parole.

" La Metamorfosi "

Quando parliamo di metamorfosi pensiamo sempre ad un mutamento, al passaggio totale da una condizione ad un altra. Ci sale subito alla mente la classica storia del bruco e della farfalla, prima uno dopo l'altra, quasi due vite completamente diverse.

Ma in realtà non è solo questo. Non necessariamente la metamorfosi deve essere simbolo di un cambiamento o mutamento totale, di un cambio di identità tra ciò che era prima e ciò che è adesso. Questa idea tende a separare, dividere le cose, dividere le persone, come se tutto debba necessariamente cambiare identità per poter affermare di avere assistito ad un miglioramento un'evoluzione o progresso che dir si voglia. Per quale ragione devo diventare qualcun'altro? Non posso continuare ad essere semplicemente me stesso che cresce e matura o che cresce e si completa o che si evolve? Alcuni tratti della personalità a volte necessitano di essere smussati anche con forza, soprattutto se oltre che a non piacerci ledono ai rapporti interpersonali o ci conducono ad atteggiamenti moralmente o eticamente errati.

Ma non è di questo che stiamo parlando ora. Piuttosto, quante volte abbiamo sentito l'espressione " adesso sono cambiato o cambiata", "sono una persona nuova".

Qual' è il vero senso di questa espressione?Di quale cambiamento stiamo parlando?Hai abbandonato cattive abitudini?Hai cambiato la marca del tuo dentifricio? Non fai più colazione nello stesso bar di prima?Hai cambiato impiego,amicizie,numero di telefono,palestra e dentista? Hai cambiato appartamento?Sono queste le cose che fanno di te una persona nuova?Un'altro o un'altra te? Se ciò che siamo è il risultato del nostro codice genetico dove pare sia scritto ogni minimo dettaglio e se nessuno,nemmeno la scienza umana più avanzata,può cambiare una virgola di quel codice come possiamo parlare di "metamorfosi"? Non potrebbe essere più corretto invece parlare di crescita verso una più completa maturità morale,intellettuale,affettiva? Non potremmo parlare piuttosto del ritrovare se stessi o quei valori importanti inculcati sin dalla nascita in ogni essere vivente e che a volte smarriamo per colpa del sistema o delle cattive influenze? Prima ero un alcolizzato,ero un tossico,ero un violento,un bestemmiatore,un ladro ma adesso "sono cambiato". E parte l'applauso alla metamorfosi.Il bruco è diventato farfalla.

Ma chi di noi è nato davvero bruco a prescindere ossia è nato ladro tossico violento bugiardo o con altre tendenze socialmente distruttive? Nessuno, semmai lo siamo diventati dopo,per scelta o per colpa per il retaggio o per le cattive influenze.

Quello che voglio affermare è che inizialmente siamo già tutti farfalla. Nel cammino della vita ci smarriamo, ci perdiamo e magari per lungo tempo non ci ritroviamo più. Ma il potenziale che sta in ogni uomo è chiaro fin dall'inizio e passare la propria esistenza nel cercare di crescere, di rafforzare o elevare la propria condizione mentale ed emotiva è un processo importante e alla portata di chiunque davvero lo vuole.

Quante volte guardandoci indietro abbiamo pensato di non aver avuto opportunità, di non aver potuto dar forma al famoso "talento nascosto". Succede spesso non è vero? Ma la questione è legata all'avere un concetto equilibrato di ciò che significa esprime o dar vita al proprio talento.Oggi avere opportunità significa quasi necessariamente mirare alla fama,diventare famosi per il proprio talento. L'esposizione mediatica per alcuni è tutto e diventa fonte di grande frustrazione e sofferenza se non viene raggiunta con successo. Voler condividere qualcosa che riteniamo importante con gli altri è del tutto normale, legittimo. Se mi piace scrivere è normale desiderare che altri leggano i miei libri. Se mi piace cantare o suonare, danzare o recitare è normale che voglia esibirmi davanti ad un pubblico.

Se amo dipingere,scolpire o fotografare è normale che voglia esporre le mie opere in una galleria d'arte.

Quando parlo di giusto concetto della condivisione del proprio talento non mi riferisco a questo, ma alla capacità di saper controllare o distinguere ciò che conta davvero. Siamo schietti: contano di più i soldi che potresti fare o le emozioni che potresti destare negli altri?

Oggi pare che si possa avere sia l'una che l'altra cosa. Ma raramente accade questo.

Pensa al mondo degli artisti in genere. Ti può sembrare quasi intasato, stracolmo se pensi a quelli che personalmente conosci per nome o per fama. Quanti cantanti, quanti attori e cosi via migliaia di personaggi pubblici conosciuti dalle masse. Eppure nel mondo la comunità degli artisti conta centinaia di milioni di rappresentanti.

Alcuni di loro praticano forme d'arte di cui nemmeno sappiamo l'esistenza, hanno doni meravigliosi che provocano grandissime emozioni senza bisogno di finire in TV o sui giornali. Pertanto penso che in ogni farfalla ci sia un po' di bruco ed in ogni bruco c'è già un po' di farfalla. Questo al di là della popolarità o dei successi. E quando dai vita in piccolo o in grande ai tuoi talenti che siano artistici o risorse umane dimostri che la metamorfosi umana non è un cambiamento radicale ma una evoluzione di se stessi, una crescita verso qualcosa di migliore che ti rende più desiderabile al prossimo, più amato e apprezzato.

Cosa sai fare? Sai cucinare bene gli spaghetti?Sai fare la messa in piega?Sai revisionare un motore o montare un armadio?Sai guidare un auto da corsa o riparare biciclette?Andare con il surf e cavalcare un onda o preparare un buon aperitivo? Sai cantare davanti a migliaia di persone o esibirti con soddisfazione alla recita scolastica di fine anno?

Beh,qualunque cosa tu sappia fare con passione e competenza,basta e avanza del dimostrare a te stesso e al mondo intero che sei una meravigliosa brucofarfalla.

" Ispiratori e non idoli "

Avere dei punti di riferimento nella vita è importante. Oggi però si fa molta confusione tra il trarre ispirazione da qualcuno o qualcosa e l'idoleggiare quel qualcuno o quel qualcosa. Modelli di vita.

Alcuni vengono definiti così nei libri di storia. Ci sono stati uomini e donne che hanno veramente lasciato il segno con le loro idee o gesta nella storia umana. A volte in positivo e altre in negativo. Salvatori e Criminali. Buoni e Cattivi. La tendenza generale dell'uomo a idoleggiare ha permesso anche ai modelli negativi di avere un proprio seguito e di riscuotere grande successo.

Questo accadeva ieri e accade ancora oggi. Personaggi dalla dubbia umanità diventano idoli delle masse. E più il loro comportamento è in contrasto con l'etica comune e maggiore è il successo che riscuotono. E mentre questi ultimi si crogiolano nei loro risultati e nel loro potere,dalla sua cameretta,dal suo smartphone o dal computer dell'ufficio c'è qualcuno che li considera talmente importanti da essere adorati imitati sostenuti con tutto se stessi.

Ma è questo ciò che significa lasciarsi ispirare da qualcuno?Non credo.

Innanzitutto colui o colei che può essere fonte di ispirazione,ossia portarti a condividerne parole e azioni e magari a imitarle, deve essere qualcuno che moralmente abbia fatto o faccia la differenza. Non per nulla classifichiamo gli esempi di vita in buoni o cattivi.

Chi ha saputo dare alla vita un vero senso di giustizia amore e lealtà diventa davvero una risorsa preziosa per i suoi contemporanei o per le generazioni venire. E il nome di questi uomini e di queste donne non necessariamente compare su

Wikipedia o in qualche libro esposto nelle librerie. Spesso sono le persone a noi più vicine a trasmetterci grande ispirazione, a motivarci profondamente nel fare qualcosa di significativo o per noi stessi o per gli altri.

Vi faccio un esempio.

Qualche tempo fa parlavo con il mio amico Angelo.

Angelo ha oltre novant'anni ed è un uomo elegante dalle antiche maniere, quello che in gergo viene chiamato un "vero signore".Mi raccontava degli ultimi giorni di vita della sua amata moglie e nel descrivere ciò che provava ora che lei non c'era più mi disse:"oggi che lei non è più con me la amo ancor più di prima". Quell'uomo,dalla sensibilità acuta che si commuove davanti ad una rappresentazione di opera lirica,non lascia passare giorno senza pensare alla compagna di una vita ed è talmente intenso il suo pensiero che il suo amore continua a crescere, quasi come se lei fossi lì al suo fianco.

Da allora ho pensato spesso alle sue parole e mi sono lasciato ispirare ossia ho permesso a quell'uomo di stabilire per me un sano modello che mi motiva a lavorare ogni giorno su me stesso per amare sempre di più mia moglie.

Elegante romantico.

Ispiratore e non idolo.

" Nel bel giardino "

Adamo ed Eva vissero in un bel giardino,si chiamava Eden. Ancora oggi quella parola viene usata per indicare un luogo meraviglioso,incantevole,dove la bellezza della natura e' fuori dal comune e osservarla lascia estasiati,a bocca aperta.

Gli occhi si aprono come un potente zoom,si mettono in moto i vari muscoli facciali dandoci quell'espressione di stupore tipica di un bimbo che vede per la prima volta qualcosa che lo entusiasma. Persino le mani e le braccia talvolta si muovo allargandosi o portandosi strette al petto. Ogni nostro senso si attiva all'ennesima potenza perché desideriamo in cuor nostro godere appieno di ciò che ci sta davanti. E in quei momenti ci sentiamo davvero bene,siamo felici e sereni.

L'uomo prova una forte attrazione verso la natura,verso quei luoghi che lo fanno sentire meglio, e fa delle scelte per potersi immergere in un contesto per lui paradisiaco. Lascia le metropoli per andare a vivere in campagna,in montagna,al mare o in un'isola.

Prende aerei,navi,treni,viaggia per ore e ore in automobile per raggiungere quei luoghi che lo riportano alle sue origini di essere vivente,che lo fanno sentire davvero parte di qualcosa di grande e complesso come"La Vita",altro che industrie semafori cemento e scale mobili. Quando sei "nel bel giardino",ti rendi davvero conto di quanta vita ti stia intorno e di come tu ne sei un elemento e non l'unica parte. Tutto ti trasmette vita. Osservi le piante e ti rendi conto che "sono vive", che "esistono".

E' vero, anche l'albero che c'è nel tuo cortile in città è vivo, ma non ti dà le medesime sensazioni. Osservi il cielo e ti pare più azzurro di quello che vedi ogni giorno mentre vai in ufficio. Osservi gli insetti,gli animali. Ti avvicini e forse li tocchi,accarezzi un cavallo o metti i piedi in acqua e lasci che i pesci ti sfiorino le caviglie. Tutta un altra cosa rispetto al documentario che ai visto su NatGeo o rispetto all'immagine in hd che hai visto sul tuo tablet.Questi sono vivi!!.

Oppure inspiri con forza e senti l'odore della terra,del mare,del fiume o dell'erba che è davvero verde. E hai conferma che non sei tu il solo centro dell'universo,ma che sei dotato di tutto ciò che ti serve per godere di ciò che davvero conta, "La Vita". Esseri viventi tutto intorno a te lo testimoniano. Non fa differenza se non possono parlare una lingua o interagire con te come una app del tuo telefono. Li senti comunque tuoi,vicini.

E la cosa sensazionale è che "il bel giardino" decidi tu dove porlo.

Montagna,mare,collina,isola?

Fai tu, scegli il tuo Eden. Ciò che è certo, è che il modo in cui ti senti quando sei nel tuo bel giardino non è un sogno ma la realtà e se troverai il coraggio di lasciare le comodità delle grandi città degli Esselunga dei Cinema Multisala delle consegne in 24h di Amazon per vivere in un Eden beh, caro amico, non potresti prendere decisione migliore.

Io vivo queste sensazioni quando mi reco in vacanza sulla "mia Isola". Quando il traghetto si stacca dalla terra ferma dentro di me cambia profondamente qualcosa, mi trovo catapultato in una sensazione particolare, una sorta di sospensione emotiva, come quando trattieni il fiato sotto acqua. Dura poco, perché appena la mia isola accoglie il traghetto come un figlio viene accolto tra le braccia di una madre mi sento riemergere e finalmente sono a casa. Solo qui provo questa sensazione.

Non so dire da cosa sia nato questo rapporto molto intimo e forte con l'isola, in fondo sono un lombardo e le mie origini non hanno nulla a che fare con lei. Credo sia una questione chimica o forse altro, ma ciò che so con certezza è che solo lì mi sento veramente in pace. E' quasi come se fossi lontano da casa per 364 giorni all'anno e quando poso il piede sul porto dentro di me dico " finalmente a casa".

Di lei tanti hanno scritto poesie, libri, canzoni.

Si dice che sia "l'isola mai scoperta". L'Elba.

Non è la maggiore fra le isole del nostro bel paese, ma c'è qualcosa di potente e magnetico che mi scorre nel sangue quando sto con lei. Verde, sabbia, roccia, azzurro del cielo e del mare, profumi, il rosso del sole che al tramonto precipita in mare come una perfetta sfera infuocata, le stelle, l'eterna danza delle onde, il sale.

Elba, sei meravigliosa. Quando ti lascio trascorro un anno intero desiderando il momento in cui ci rivedremo e starò di nuovo con te, tu sei il mio "bel giardino".

In questo momento mentre scrivo di te mi manchi da morire.

" L'altra metà del cielo "

"L' altra metà del cielo" è un espressione di Mao Tse-Tung citata molto tempo fa da John Lennon in uno dei suoi ultimi brani, prima della violenta scomparsa.

In quella canzone lui paragona le donne, woman's, all'altra metà del cielo ossia a quella parte talmente grande, talmente importante, talmente infinita nell'esistenza di un uomo da stare sopra ad ogni cosa, addirittura al di sopra del cielo visibile ad occhio nudo.

Ed è così in effetti.

Quando si ha la fortuna di amare veramente qualcuno ci si rende conto di quanto una relazione leale e intensa possa fare la differenza nella propria esistenza e quanto sia vitale essere ancora capaci di dire ti amo.

Ti Amo.

"Un giorno
tra il sabato e la domenica"

Un giorno tra sabato e domenica non esiste.

Questo è il pensiero che istantaneamente nel leggere il titolo di questo capitolo vi sarà balzato alla mente. E avete assolutamente ragione se ci limitassimo a guardare il calendario. Ma quel giorno che non c'è, è il giorno in cui ho deciso di trasformare il mio amore per la musica in qualcosa di vivo,di reale,di attivo e non più di solo ascolto.

E' il giorno in cui ho deciso che avrei fatto musica in qualche modo,bella o brutta banale o geniale semplice o complessa che fosse. Non è successo di lunedì ne di martedì ne tantomeno di domenica. E' successo in un momento indefinito che non so identificare o ricondurre ad un episodio specifico,un momento che è fuori dal tempo,fuori dai classici canoni con cui misuriamo il suo trascorrere, ecco perché lo colloco in un giorno immaginario che sta tra il sabato e la domenica. Era un bisogno. E ho dato voce e corpo a quel bisogno.

Da quel momento la musica ha cambiato per me forma. Come narro nel primo capitolo di questo libro l'ho amata da sempre e sostengo fortemente che vi siano dei mecca-

nismi, delle alchimie che legano le persone a questa forma d'arte nello specifico.

Per molto tempo l'ho ascoltata, anzi ho
imparato ad ascoltarla. Ho avuto il mio
percorso da audiofilo tra i 20 e i 30 anni. Durante quegli anni persone davvero
competenti e appassionate mi hanno inse-
gnato ad usare l'orecchio in modo del tutto nuovo, sfruttandone le caratteristiche
percettive al fine di percepire piacevol-
mente ogni frequenza musicale. La maggioranza delle persone non saprebbe distinguere la differenza tra un file mp3 e una
traccia da cd audio.

L'audiofilo lo sa fare assolutamente e
credetemi ,qualitativamente,c'è una bella
differenza. Quindi come dicevo ho imparato
ad "ascoltarla sino in fondo",parole e melodia. Ma oggi,dopo alcune esperienze di-
scografiche di discreto successo per un
perfetto sconosciuto come me,posso affermare che "fare musica" è tutta un'altra
cosa, è una forma d'arte che eleva la propria sensibilità,che ti conduce verso emozioni nuove.

Probabilmente penserete a sentimenti legati alla soddisfazione, al piacere o al
gusto del creare qualcosa di proprio, sentimenti tipici della maggioranza delle
forme d'arte. Ma c'è dell'altro. C'è di
più.

Voglio farvi un esempio per capirlo.

Un figlio è qualcuno che prima non esisteva, che non si poteva nemmeno immaginare nel suo aspetto o nel suo carattere, ma grazie ad un meraviglioso miracolo creativo viene al mondo e seppur acquisisce tratti più o meno evidenti dai genitori si presente come un essere vivente a se stante, che nel tempo crescendo diventerà sempre più indipendente, sempre più libero, sempre più unico.

Facendo musica ho capito appieno il concetto di "nascita delle canzoni", quello di cui cantautori e compositori parlano spesso. Una canzone o una melodia nasce dal nulla nel senso che prima di comporla o di immaginarla nella tua testa non esisteva. Come un figlio può acquisire alcuni tratti del suo creatore, come ad esempio lo stile il sound le sfumature i colori i sentimenti provati durante la composizione. Come un figlio però una volta venuta al mondo inizia un suo percorso e se ne va, diventa grande.

Comincia ad interagire con gli altri, entra nelle loro menti e nei loro cuori e si lega a momenti, immagini, emozioni che tu, il creatore, nemmeno lontanamente potevi prevedere o potrai mai sapere fino in fondo.

"Cosa provi quando ascolti la mia musica?

Cosa ti induce a dire che è bella, che ti piace?"

A quante persone potrai chiederlo?Dieci,cento,mille?

Oggi, grazie all'era tecnologica, la tua musica può arrivare a milioni, miliardi di persone e ogni uno di loro può percepirla, amarla in modo diverso. Tutto questo è davvero incredibile. Tutto questo provoca emozioni nuove che a volte non riesci nemmeno a descrivere. Altre forme d'arte come la fotografia riescono ad avere un impatto molto veloce in chi osserva le immagini, ma nulla più della musica riesce ad arrivare quasi istantaneamente al cuore delle persone e restarci per anni o per l'intera esistenza.

Per chi fa musica questi concetti assumono un ruolo davvero importante,sono come l'aria che respiri e che ti spinge a scrivere nuove canzoni a realizzare nuovi progetti. Adesso quando ascolto un brano alla radio o sul web o sparato nelle cuffie dal mio cellulare cerco di andare oltre quello che sento, cerco di immaginare lo studio di registrazione, le persone, i tecnici e tutti coloro che hanno partecipato alla nascita di quel pezzo e li vedo lì al lavoro che provano e riprovano che porgono l'orecchio ad ogni minimo dettaglio ad ogni suono per rendere ai futuri ascoltatori un prodotto di qualità in ogni senso e non solo nel contenuto dei testi.

Ho imparato anche ad apprezzare maggiormente la voce quale strumento musicale aggiunto. Mettere parole sopra a delle note musicali non è affatto semplice come può sembrare. Puoi avere anche molte cose da dire, puoi avere un'ottima metrica, ma se non sai creare il giusto rapporto armonico tra voce e strumenti il risultato potrebbe essere deludente.

Per questo mi sento di paragonarla ad un vero e proprio strumento. Non so cosa mi riserverà questa esperienza nel futuro. Se avrà un seguito in ambito professionale, se diventerà davvero il mio lavoro come spero. Oppure se sarà una parentesi della mia esistenza.

Una cosa però è certa. Ringrazio Dio che in un giorno tra sabato e domenica sono stato pronto sono stato desto nell'aprire una porta che mi ha permesso di entrare in un mondo fatto di suoni,note e chissà quante altre sfumature che mi ha dato e mi sta dando tutt'ora immensa serenità e grandi emozioni.

"Medusa"

Medusa è il titolo del mio ultimo album strumentale ed è anche il nome di un personaggio mitologico.

Più comunemente Medusa è il nome di un essere che vive nei mari e negli oceani e che è dotato di una caratteristica davvero singolare. Col passare del tempo è in grado di ringiovanire sempre di più sino a ricominciare un nuovo ciclo di vita.

In sostanza è potenzialmente immortale. Quando ho letto questa descrizione e fatto ulteriori ricerche su questa specie vivente sono rimasto davvero colpito ed ho cominciato a fare alcune riflessioni,come spesso mi capita. L'uomo da sempre insegue il sogno dell'immortalità e in molti modi, soprattutto attraverso le varie forme d'arte, ha cercato di rappresentare il suo concetto d'immortalità.

Immortali erano ad esempio gli dei dell'antico olimpo. Immortali sono le creature figlie della letteratura fantasy o quelle legate alla leggenda.

Anche alcune culture religiose presentano l'immortalità come risultato di reincarnazioni,trascendenza o altre forme di passaggio da una vita e forma ad un'altra. In sostanza questo pallino dell'Immortalità ha sempre accentrato l'attenzione di uomini di ogni tempo luogo e cultura.

Ma la domanda che mi sorge è: supponendo che l'uomo trovi l'elisir di lunga vita in quali condizioni sarebbe disposto a viverla e quale prezzo sarebbe opportuno pagare per poterne bere un sorso? Spesso gli esseri appartenenti ai miti greci o parallelamente alla mitologia romana vengono rappresentati come potenti,oziosi,depravati e soprattutto infelici.

Nonostante nei vari racconti che ne narrano le loro gesta passino il tempo a compiacersi e bere vino e ambrosia o nettare di luna appaiono sempre invidiosi degli esseri mortali, in particolare dell'amore della lealtà e della amicizia che regna tra le persone che hanno residenza diversa dall'Olimpo. Per tale ragione spesso gli dei e le dee intrecciano relazioni con esseri mortali dando tal volta vita ai famosi semi dei. Anche nelle culture nordiche come in quelle orientali possiamo ritrovare contesti simili che dimostrano senza dubbio che il concetto dell'immortalità da una parte attrae quasi sino all'invidia, ma dall'altro spaventa notevolmente.

Ma cosa può intimorire di fronte all'idea di non morire mai?Vi sono diverse ipotesi e questioni in ballo. Ad esempio c'è chi si pone il problema della noia. Pensando che dopo secoli e secoli di esistenza non avendo più nulla di nuovo da vivere o da fare la noia possa avere il sopravvento e intrappolare in una esistenza infelice. Altri pensano a come cambierebbero i rapporti amorosi o interpersonali.

Veder invecchiare e morire amici,figli,mogli che non hanno lo stesso
privilegio può essere considerato stra-
ziante.

Oppure, mettendo da parte l'amore, alcuni
si chiedono che senso abbia vivere in e-
terno su un pianeta martoriato da guer-
re,inquinamento,violenza,fame e sofferenze
di ogni genere. Un teatro degli orrori che
manda sempre in replica lo stesso triste
spettacolo. E così via chissà quanti altri
dubbi o timori le persone possono collegare all'idea di vivere senza mai morire.

Ma forse,per capire cosa realmente può
comportare la possibilità di non morire
mai,possiamo apprendere qualcosa di importante proprio dalla medusa. Dicevamo che è
potenzialmente immortale, ciò vuol dire
che esiste una differenza tra il concetto
del non morire mai e quello dell'essere
immortale. Tale differenza è data dalle
condizioni del soggetto interessato.

La medusa,seppur dotata di questo potenziale,deve confrontarsi con fattori esterni al suo organismo. Predatori,condizioni
climatiche,catena alimentare e altri a-
spetti che possono indurla alla morte. Si-
milmente l'uomo potrebbe ottenere tale
prospettiva e avere in se tutto il potenziale necessario per poterla vivere rimanendo però soggetto ad alcune leggi della
fisica o fattori esterni che potrebbero
comunque interromperne l'esistenza.

Se così fosse, l'impegno nel cercare di mantenersi in vita evitando di esporsi a determinati pericoli potrebbe occupare una delle priorità di un'esistenza per quanto lunga. Un altro fattore interessante legato alle caratteristiche della medusa è il suo processo di ringiovanimento. Vivere per sempre ma in pessima salute povertà fame o altri disagi sarebbe davvero una tortura paragonabile all'inferno dantesco.

Quindi un altro elemento da considerare sono le condizioni o qualità di vita di chi potrebbe godere del privilegio di non morire mai. Spesso nella letteratura , nel cinema o altri contesti simili gli Immortali vengono sempre rappresentati come esseri alle prese con mille battaglie, mille difficoltà, sempre sotto attacco da parte di nemici che vogliono strappare con qualche rituale il dono ricevuto.

Ma che senso avrebbe dover faticare così tanto per mantenere lo status dell'immortalità?

Per la serie " non morirai ma avrai sempre grandi tribolazioni". Dato che la fantasia di scrittori e registi è influenzata dalla visione collettiva della vita questo modo di rappresentarla può lasciar intendere ancora una volta che non è ben chiaro cosa potrebbe davvero significare vivere in eterno.

In generale potrebbe regnare l'idea che siano di più i contro rispetto ai vantaggi del non morire mai. Ma le cose come stanno realmente?Forse dovremmo chiederlo alla medusa...

"La bellezza
delle espressioni comuni"

Ogni giorno facciamo un uso impressionante delle cosiddette espressioni comuni.

Sono concetti a volte importanti e profondi, altre volte invece elementari, trasmessi con un linguaggio universale. In qualsiasi parte d'Italia ti torvi,e spesso anche del mondo,alcune espressioni arrivano chiare,immediate alla nostra mente che in un lampo le elabora rendendoci un'idea ben precisa.

Pensate che esistono delle vere e proprie classifiche sui detti comuni. "Le bugie hanno le gambe corte,il buon giorno si vede dal mattino,Dio li fa e poi li accoppia,can che abbaia non morde,rosso di sera bel tempo si spera,l'abito non fa il monaco,pesce grosso mangia pesce piccolo."E via via ve ne sono a migliaia.

A volte cambiano alcune parole ma il senso rimane intatto. Forse starete pensando: "va bé e a noi che c'importa?, vai al sodo".

Questo incipit sulle espressioni o detti comuni mi serve per collegarmi a due argomenti che ritengo molto importanti, il linguaggio universale e lo spirito di osservazione.

Partiamo dal secondo, lo spirito di osservazione.

Fin dagli albori della vita umana gli uomini e le donne di ogni tempo hanno saputo osservare attentamente il mondo intorno a loro e cogliere insegnamenti,analogie,

suggerimenti, che si sono rivelati poi utili nel quotidiano o davanti a decisioni,difficoltà,circostanze particolari.

Cicli della natura,comportamento di flora e fauna,comportamenti sociali di uomini e donne da sempre sono fonte di esperienza, di saggezza. Abbiamo imparato tanto e ancora ne abbiamo da imparare perché la sola conoscenza o sapere che dir si voglia da sola non può bastare.

Prendiamo giusto il primo degli esempi che ho fatto,"le bugie hanno le gambe corte". Più o meno tutti sanno che mentire è scorretto, ma tra il saperlo e l'applicare tale informazione c'è una bella differenza. Per usare la citazione di un altro proverbio "tra il dire ed il fare c'è di mezzo il mare". E in genere quando non riusciamo ad attenerci a delle regole di comportamento universalmente riconosciute come corrette ci inventiamo i cosiddetti alibi. Bugia bianca, bugia detta a fin di bene eccetera eccetera.

Saper osservare il resto del mondo che ci circonda potrebbe aiutarci nel rispettare maggiormente tali regole migliorando così la qualità della nostra vita?

Direi assolutamente di si.

Milioni di creature o specie viventi intorno a noi dimostrano che cose come l'amore, l'ordine, un equilibrato senso di giustizia, la fedeltà, la cooperazione, il coraggio, il rispetto possono solo che portare dei benefici alla convivenza e sopravvivenza su questo bel pianeta azzurro.

L'altro aspetto legato ai proverbi o espressioni comuni come dicevo è il linguaggio universale.

Seppur ogni nazione, ogni paese, ogni luogo, abbia dei detti locali legati al folklore piuttosto che alle caratteristiche ambientali, esistono alcuni di questi modi di dire che sono riconosciuti ovunque vai. Ad esempio quelli citati inizialmente fanno parte di tale elenco. "Rosso di sera bel tempo si spera". Che un bel tramonto dipinto da colori rossastri lasci ben sperare in una notte e in un giorno successivo sereno mette d'accordo tutti, dalla Mongolia alle isole dei Caraibi passando per il Congo e il Canada.

Nell'era della comunicazione digitale trovo tutto questo davvero affascinate e caratteristico. Oggi possiamo dire di aver ripreso in una certa misura questa forma di linguaggio e averla trasformata in simboli che comunemente usiamo per comunicare o scambiarci materiale e informazioni, vedi # @ WWW tutte le varie emoticons ed altro ancora che superando la barriera della lingua parlata permettono a persona assai lontane e diverse di interagire tra loro.

Questo ha i suoi lati positivi. D'altro canto credo ci voglia equilibrio per non perdere la propria identità umana e trasformarsi in esseri che parlano tra loro come macchine. Difatti del linguaggio universale fanno parte anche cose come il sorriso,le lacrime,lo sguardo,tutte le espressioni facciali prodotte dai 15 muscoli detti mimici che si combinano tra loro in numerosi modi e che rappresentano palesemente specifici stati d'animo ed anche di fisico.

A questi non vuoi aggiungere tutti quei gesti che coinvolgono mani braccia ed altre articolazioni?

In sostanza siamo fatti per comunicare. Non dimentichiamolo. Una faccetta che sorride fatta con le emoticons non potrà mai sostituire un bel sorriso a 32 denti dal vivo.

Quello che intendo dire è che ci vuole un sano equilibrio nel gestire la comunicazione personale.

"La curiosità di Ulisse"

Qualche tempo fa, ascoltando una canzone di Samuele Bersani di cui non ricordo il titolo ho sentito l'uso di questa espressione," la curiosità di Ulisse". Ne sono rimasto colpito e ho deciso di documentarmi per capire meglio per quale ragione l'artista l'aveva inserita nel testo di quella canzone, in sostanza per capire quale concetto di base voleva trasmettere al suo pubblico.

Così ho scoperto che la curiosità fa parte delle tre caratteristiche principali di questo personaggio mitologico insieme all'astuzia e alla saggezza.

Il mito di Ulisse, il cui nome dal latino significa "odiato dai nemici", risulta caro a molte persone che ritrovano in lui e nelle sue entusiasmanti storie numerose analogie con la via quotidiana che tutti i comuni mortali affrontano. L'ira di Poseidone che rallenta il suo viaggio di ritorno a casa può rappresentare le pressioni o le paranoie di datori di lavoro, di capi ufficio, di dirigenti che sfogano sugli ulisse di turno le loro frustrazioni o il loro senso di potere predominante.

Il canto ammaliatore delle sirene rappresenta quelle distrazioni carnali che dividono e a volte distruggono le relazioni umane e coniugali.

Il cavallo di Troia e lo stratagemma che ne ha ispirato la realizzazione per portare alla vittoria gli achei dopo 10 anni di guerra estenuante rappresenta quelle soluzioni,quelle idee illuminanti,quelle porte che si aprono e che ci tolgono da brutte situazioni personali,lavorative ecc..tutte figlie di attenta pianificazione e astuzia.

E così via potremmo continuare nel menzionare aspetti in comune tra questi racconti e la vita quotidiana. Ciò che però mi colpisce particolarmente è che per Ulisse non esistono limiti o barriere contro la conoscenza tant'è che nemmeno il rischio evidente della morte lo fa desistere dalla sua sete di apprendimento.

Leggendo le opere che lo riguardano, l'Iliade e l'Odissea, si rimane impressionati dalla tattica dall'astuzia che questo eroe adotta per superare le 12 prove o ostacoli che lo separano dal ritorno a Itaca.Tattica e astuzia non possono esistere se alla spalle non si ha una significativa conoscenza degli elementi in gioco.

In sostanza questo personaggio,ma soprattutto chi ne ha concepito e scritto le gesta, vuole trasmettere un messaggio chiaro. La conoscenza è un elemento fondamentale per affrontare le vicissitudini le scelte le decisioni più o meno importanti della propria vita.

Questo vuol forse dire che dobbiamo essere tutti dei pozzi di sapere, profondi studiosi,laureati,o cervelloni?

Assolutamente no, almeno credo. La questione è più sottile e riguarda il desiderio, o curiosità per rifarci ad Ulisse, che dovrebbe e può caratterizzare l'esistenza di tutti al di là del proprio quoziente di intelligenza, del proprio titolo di studio o delle proprie inclinazioni naturali. Questo comporterebbe dei grossi vantaggi di cui parleremo più avanti.

Rimanendo sul tema "conoscere o avere padronanza di un argomento o di una materia" diventa fondamentale l'approccio, soprattutto quando ci troviamo per la prima volta davanti ad una situazione o per la prima volta dobbiamo eseguire qualcosa.

Anziché muoversi a spanne o intuito, anche se a volte serve, può rivelarsi vantaggioso fare uno sforzo per documentarsi sulla questione implicata ed inseguito, arricchiti da elementi o informazioni significative, avere un quadro generale più chiaro che faciliterà l'azione o la decisione.

Il mondo del commercio in particolare tende ad ostacolare questo processo. Attraverso la pubblicità fa apparire tutto facile, tutto semplice e veloce.

Chiaramente il progresso ha portato a velocizzare e semplificare molte delle nostre azioni quotidiane, ma in generale subire passivamente l'idea propinata dal marketing delle aziende non è saggio.

Facciamo un simpatico esempio per illustrare il punto.

Hai visto sul catalogo dell' Ikea e alla pubblicità in TV che con pochi soldi e in modo rapido cd clementare puoi montare un bellissimo parquet nel tuo living o nella camera dei bambini. Arrivi presso lo store e puoi constatare che il pavimento da posare è davvero bello, già te lo immagini in casa tua e non vedi l'ora di realizzare questo progetto. Compri il materiale, gli accessori suggeriti e porti tutto a casa. Svuoti la stanza, probabilmente con più che semplice fatica, e cominci ad aprire le confezioni.

Adesso arriva il bello.

Apri le istruzioni e vedi che le liste non vanno semplicemente incastrate tra loro ma che , servendoti di un elettroutensile, devono essere tagliate secondo un certo criterio per avere l'effetto visivo corretto. Poi devi tenere conto del punto di ingresso nella stanza, devi rimuovere i battiscopa e posarne degli altri appositi, tagliare la porta ecc ecc… La situazione si complica. Per un attimo ti ritrovi a titubare, forse pensi "ma si me ne infischio del suggerimento e le incastro tra loro come sono…".

Poi hai una illuminazione,tua moglie.

Già,devi calcolare che lei poi valuterà il risultato e se ne accorgerà subito se il parquet non ha lo stesso aspetto di quello visto a catalogo.

L'incubo prende forma.

La passeggiata si è trasformata in una traversata oceanica.

Alla fine cosa fai? Chiedi aiuto a qualcuno che, avendo tutte le informazioni necessarie, ha l'esperienza per aiutarti o condurti nei lavori. Quasi sicuramente ti chiederai: ma perché non ci ho pensato prima? Ed è qui che ti volevo. Cosa ti costava prima di mettere piede nello Store documentarti su come si posa per conto proprio un parquet? Qualche minuto poteva bastare. Si ma io sono un tipo che cerca le sfide….va bene, ma se eri da subito ben attrezzato e consapevole del carico di lavoro saresti stato comunque facilitato.

Cosa ti è mancata?

La curiosità di Ulisse, quel desiderio o per molti istinto,di arrivare ben preparato all'appuntamento. Personalmente ho scoperto dopo le scuole quanto arricchirsi possa essere non solo utile ma anche bello e soddisfacente. Quando ti crei delle ampie basi, quando soprattutto ami la lettura e fai tesoro di ciò che leggi, poi nel tempo sei in grado di costruirti delle solide strutture mentali fatte di tanti cassetti.

Ogni cassetto è catalogato e tutte le volte che leggi vedi ascolti una informazione che si collega a quell'argomento il tuo cervello compie un miracolo per te ossia apre il cassetto, inserisce la nuova informazione e lo richiude.

Ora è tutto pronto per essere usato al momento opportuno.

Costa fatica? Molto meno di quanto ti immagini ma solo se lo vuoi.

La questione dunque non è, e lo ribadisco, diventare dei cervelloni ma sfruttare a proprio vantaggio e sino in fondo le meravigliose capacità che noi esseri umani abbiamo.

Solo un ultimo pensiero.

Scegli le fonti giuste, fai confronti, valuta attentamente i feedback. Diffida della superficialità e della credulità.

Open your maind.

"L'ultima Ora"

"L'ultima ora"non è un riferimento agli ultimi 60 minuti della nostra esistenza, tranquilli.

Piuttosto si riferisce a tutte quelle volte che abbiamo terminato un'esperienza e vissuto gli ultimi momenti a nostra disposizione facendo qualcosa o stando in compagnia di qualcuno che ci ha accompagnato per periodi significativi della nostra vita.

Ad esempio l'ultima ora delle elementari, delle medie,del liceo. Oppure l'ultima ora che hai lavorato in un determinato posto. Forse era il tuo primo impiego oppure era l'ultimo perché sei andato/a in pensione. L'ultima ora di una vacanza indimenticabile o l'attesa di qualcosa che ti ha riempito il cuore, magari di un treno in arrivo o di un aereo che atterrasse. L'ultima ora che hai trascorso con qualcuno che amavi e che per qualche ragione non è più con te.

Indipendentemente da cosa puoi o vuoi personalmente collegare a questo concetto, sarai d'accordo con me che quei minuti sono stati davvero carichi di profonde emozioni. Tante emozioni.

Emozioni forse anche contrastanti, combattute, divise tra momenti in cui volevi coglierle al meglio e le hai vissute con grande intensità e altri attimi in cui lo scorrere del tempo ti dava talmente ansia da distrarti dalla parte buona di ciò che ti stava accadendo.

Prova a pensarci per un attimo, insieme a me. Si proprio adesso che mi stai leggendo, interrompi la lettura e riprendila dopo aver focalizzato uno di qui momenti una delle tue "ultime ore".

(spazio libero a disposizione del tuo ricordo)

Fatto? Bene. Allora dimmi,non è forse vero quanto ti dicevo?

La nostra vita è fatta di elementi costanti e di varianti, di inizi e di conclusioni. La cosa stupefacente è la capacità che abbiamo di saper cogliere tutte queste fasi e trasformarle in impulsi e ricordi.

I ricordi addirittura ti permettono di superare la barriera del tempo. Alcuni di noi hanno una memoria talmente vivida,talmente efficace,che riescono a rivivere non solo immagini mentali dialoghi profumi e suoni ma anche le medesime emozioni e sensazioni. Un vero e proprio salto nel tempo. Chiudono gli occhi e vengono catapultati davanti all'immagine di se stessi impegnati nel fare qualcosa, nel vivere qualcosa, di profondamente significativo. Come un film alla TV,ma con la differenza che il personaggio principale sei tu e che i sentimenti che provi osservandoti sono proprio gli stessi che hai vissuto in quegli attimi di molto tempo prima.

Non ci avevi mai pensato? Beh l'hai fatto anche tu poco fa su mia gentile richiesta. Quanto ti è bastato? Solo il tempo di volerlo fare.

Molti collegano il ricordo alla nostalgia. La nostalgia però non è necessariamente un sentimento triste o passivo, non è a tutti i costi assimilabile alla malinconia. Dipende molto dalla maniera in cui la sai gestire.

E' un po' come un telecomando che ti permette di cambiare canale, alias ricordo, a tuo piacimento e discrezione. Sta a te decidere quali ricordi rievocare o su cosa sintonizzarti. Se ti soffermi su momenti belli e piacevoli indubbiamente la nostalgia diventa un elemento positivo, costruttivo. Se invece le permetti di sintonizzarsi su momenti dolorosi o carichi di ansietà può diventare il tuo peggiore nemico.

Ma torniamo alla nostra "ultima ora".

Personalmente una di quelle a cui sono più legato è l'ultima ora di lezione alle scuole medie. Tredici anni da poco compiuti. Giugno. Un giugno di quelli di una volta, non troppo afosi, quando ancora sentivi certi profumi nell'aria che facevano da preludio all'estate ormai in arrivo, quando le cuffie che mettevi in testa erano collegate al mitico walkman e non al tuo cellulare.

Compagni e compagne di classe.

Raffaele, Fabio, Rachele, Maura, Andrea…

Alcuni portati dietro sin dalle elementari. Altri trovati in seguito con i quali ho comunque condiviso per tre anni il mio percorso scolastico.

Professori e professoresse.

Quella di matematica, letteralmente schizzata.

La professoressa di lettere che sarebbe andata in pensione di li a poco.

Il professore di musica, non vedente e sempre accompagnato da un giovane dei servizi civili.

E poi lei, la giovane profe di francese. Avevo preso una cotta adolescenziale? Ad oggi non mi pare di poterla definire così. Una cosa è certa, mi ero molto affezionato forse per la sua gentilezza, forse perché a quei tempi era difficile trovare un'insegnante empatica che teneva le lezioni con quel giusto equilibrio tra autorità ed informalità. O forse perché semplicemente rideva alle mie battute umoristiche e quando mi incrociava per strada con l'auto suonava il clacson per salutarmi. Non me la sento di indicare un motivo specifico. Ma sicuramente posso identificarla come una figura significativa. Non l'ho più rivista.

Sono passati quasi trent'anni.

Ma quello che più conta nel mio ricordo è che l'ultima ora dell'ultima lezione c'era proprio lei.

Non lo dico solo per sottolineare una mia inclinazione favorevole verso di lei;piuttosto intendo dire che in quel contesto così importante vicino ai miei compagni di tante avventure scolastiche c'era anche la mia profe preferita.

Ho un ricordo nitidissimo, in 4k per usare un'espressione moderna, degli ultimi 5 minuti. Se chiudo gli occhi posso riviverli come immerso nella realtà virtuale. Io seduto al mio banco e intorno a me tutto il contesto fatto di compagni che parlano,in alcuni casi anche di lacrime e degli ultimi suggerimenti della professoressa prima di concludere con il classico "ok ragazzi,ci vediamo agli esami". E suona la campanella mentre il futuro ti inghiotte trasportando ogni uno in altre strade, verso chissà quali orizzonti.

Poi ci siamo rivisti tutti agli esami e per la classica pizzata di addio.

Ma per me tutto è finito in "quell'ultima ora" sui banchi di scuola. Da allora la vita mi ha riservato molte altre lezioni ed esami. Ho cambiato lavori e lasciato con dispiacere altri compagni. Ma nulla sino ad ora ha sostituito quell'addio.

Non so spiegare perché, forse l'età, forse un particolare momento emotivo. O semplicemente è così e basta.

Cara professoressa, ci sono solo pochissime possibilità che tu oggi possa leggere il mio libro. Una vita intera è trascorsa e chissà ora dove sei e cosa fai.

Una cosa è certa, ti voglio comunque ringraziare.

Se oggi amo scrivere, se nel tempo ho deciso di maturare la mia cultura generale alimentandola in modo sano e profondo, se oggi il mio sogno sarebbe insegnare ai ragazzi, lo devo in parte a te.

Sento che è così. Spero che dopo questa pubblica rivelazione tu mi possa dare un bel voto, diciamo almeno un "Discreto".

Ciao Prof.

"#marypoppins"

Come si fa a non amare una come Mary Poppins?

Quella del film,non del racconto origina- le, è un concentrato di saggez- za,gentilezza,bonton,intelligenza,bellezza amorevole cura e interesse verso il pros- simo.

Probabilmente quando il Sig. Disney deci- se di investire in questo progetto ,anche se nutriva grandi aspettative, mai si sa- rebbe immaginato che la sua Mary arrivasse tanto lontano.

Il potere della musica ha indubbiamente fatto la sua parte.

Supercalifragini…basta un poco di zucche- ro….. cancaminin…vento dall'est….. dona un penny anche tu…. .

Una colonna sonora,opera del grande Ri- chard M. Sherman,dall'enorme impatto melo- dico con brani che entrano diretti nella memoria per non uscirne più.

Ma c'è dell'altro.

Quello che più attrae di questa elegante tata che battendo i tacchi vola via è il suo profilo umano.

Si perché Mary non è una fata, ne una strega.

E' una persona speciale in un mondo ricco di fantasia ma molto collegato alla vita reale.

Mary rappresenta quella persona che molti vorrebbero essere o quella persona che molti, e non solo i bambini, vorrebbero aver vicino nei momenti difficili.

Qualcuno che ha sempre il giusto consiglio, che sa consolarti, che appiani i contrasti che ti turbano, che ti faccia sentire amato e coccolato. Non credo sia un caso che questo personaggio, interpretato magistralmente da Julie Andrews, abbia in sé tutte quelle caratteristiche ma il frutto di un'esigenza generale. Apre la sua fantastica borsa e ci tira fuori di tutto. Ha un sorriso perfetto. Perfino il suo cappellino è perfetto. Però, come ogni volta che ci accade qualcosa di superbo, Mary non resta per sempre. Dopo avere aiutato un padre e i propri figli a ricucire il loro rapporto, ad inquadrare meglio ciò che più conta nella vita, il vento cambia. Arriva dall'est. Tutto ritorna nella borsa, l'ombrello si apre e lei vola via, diretta verso qualche altra famiglia che ha bisogno del suo aiuto. Non lascia dietro di se disperazione. Molti amici sanno che prima o poi tornerà e la famiglia dove ha vissuto per qualche tempo ha trovato ormai il suo equilibrio. Certo è che la sua partenza lascia comunque un po' di amaro in bocca e un velo di tristezza.

Anche nella vita reale le cose vanno un in modo simile.

Momenti di grande entusiasmo figli di ritrovati equilibri o serenità che lasciano il posto a periodi tristi,bui,vuoti.

Ma quello che Mary ci insegna è che non dobbiamo mai disperare. Il vento cambia sempre. Se lo vogliamo possiamo essere come lei, gentili,amabili,rispettosi, in sostanza belle persone di cui fidarsi che si adoperano per il bene altrui.

Nei momenti difficili potrebbe davvero "bastare un poco di zucchero",ossia vedere le cose o le difficoltà sotto un'altra prospettiva,per poterle affrontare meglio e magari superarle meglio o per usare le sue parole "mandar giù la pillola".

Potremmo tutti essere degli allegri spazzacamino che dall'alto dei tetti osservano la città, la vita, e cercano di trarre il meglio da ciò che fanno. Mary è indubbiamente un personaggio positivo.

Pensare che sia solo una favola per bambini vuol dire ignorare quel velo di verità che ogni storia, anche la più fantasiosa, contiene.

Ciò che raccontiamo attraverso qualche forma d'arte ci rappresenta sempre. In fondo è dalla nostra testa che i racconti prendono vita. Ciao Mary Poppins, stai attenta lungo il viaggio e mi raccomando, torna presto.

"Scatola Astronomica"

"Scatola Astronomica" è il nome di un'opera realizzata nel 2008 da un artista bresciano, Bonomo Faita.

Il quadro ritrae una classica scatola di cartone, aperta nella parte superiore, al cui interno si può ammirare un bellissimo cielo stellato color blu notte leggermente sfumato verso una tinta più chiara.

L'effetto, osservandolo, è quello di un firmamento quasi liquido o comunque materico perché si trova a pochi centimetri dal bordo superiore. In sostanza sembra una scatola piena di un cielo meravigliosamente tempestato di stelle.

Il mio sforzo nel restituirvi l'immagine mentale dell'opera non può corrispondere all'effetto visivo davvero interessante, ma almeno spero di avervi reso l'idea.

Perché vi parlo di quest'opera d'arte? Della bellezza del cielo, stellato oppure no, hanno scritto cantato e dipinto in molti. I poeti hanno basato le rime delle loro poesie traendone ispirazione. I fotografi hanno usato km e km di pellicola, e oggi di schede di memoria, per immortalarlo a qualsiasi ora del giorno e in qualsiasi condizione climatica.

Il cielo è davvero qualcosa di speciale per molti versi.

Quando alziamo il mento è ci prendiamo il tempo di scrutarlo ci rende l'idea di qualcosa che rappresenta allo stesso tempo la libertà e qualcosa di irraggiungibile, di inafferrabile. Così vicino ma anche così lontano.

Volare a corpo libero è uno tra i sogni più ricorrenti. L'uomo riesce ad emulare questo dono dato ai volatili in modo sempre più sofisticato, ma non tutti siamo disposti ad indossare una tuta alare come Patrick de Gayardon e quando siamo seduti in poltrona su Alitalia tendiamo a guardare verso il basso, la terra, piuttosto che intorno.

Se poi andiamo oltre il cielo azzurro e puntiamo al buio dello spazio, i corpi celesti rendono ancor più meraviglioso ciò che appare ai nostri occhi come qualcosa di infinito e inafferrabile.

In una notte serena, lontano dalle luci e dall'inquinamento delle metropoli, quando osservi il cielo tempestato di stelle ti sembra di poter allungare la mano e afferrarne una manciata.

Quanta meraviglia.

Quanto sarebbe bello poter raccogliere a piene mani un po' di quel cielo stellato e metterlo in una scatola per portarsela a casa e aprirla di tanto intanto lasciandosi trasportare dallo stupore, dalla luce, da tutte quelle sensazioni positive che potrebbe trasmetterci.

Abbiamo davvero grande bisogno di goder maggiormente di spettacoli come questo.

Il nostro volto riflette sempre più la luce artificiale dello schermo amoled del nostro smartphone che tanto ci entusiasma con i suoi colori brillanti mentre guardiamo l'ultimo video demenziale su youtube.

Ma non ci rendiamo conto che in quel modo il nostro mento tende ad essere sempre più rivolto verso il basso, ad ignorare la meraviglia che abbiamo sopra la testa, ad ignorare persino coloro che potremmo incrociare con lo sguardo mentre camminiamo.

Mi chiedo se ne valga la pena.

Io preferirei avere nell'armadio la mia bella scatola astronomica e nel buio della stanza aprirla, magari dopo un'intesa giornata, e lasciarmi stupire davvero, lasciare che pace e serenità mi riempiano il cuore. Poi richiuderla, riporla nuovamente nell'armadio e coricarmi pacifico e beato, certo che il giorno dopo lei sarà li ad aspettarmi.

Scatola Astronomica = 1.000000000000 di Like.

"E' davvero difficile ma...."

Forse questa è una delle frasi più ricorrenti che abbiamo pronunciato negli ultimi anni o uno dei pensieri che più frequentemente ci balena per la testa da quando ci alziamo dal letto a quando vi ritorniamo per far riposare le stanche membra.

In effetti tutto sembra essere diventato più difficile, complicato, stressante rispetto ad un tempo.

Il lavoro, la scuola, le responsabilità familiari, prendersi cura della salute, fare la spesa, lo svago e perfino le vacanze. Pare quasi che questo nuovo secolo sia caratterizzato dalla formula "+ app = vita + difficile".

Forse è un riflesso dell'Era Tecnologica.

Da un lato abbiamo applicazioni gratuite che ti trasformano in due secondi in un perfetto fotografo, in un designer, in un musicista, in uno chef, in un gamer di professione.

Dall'altro stiamo complicando incredibilmente tutto ciò che richiede l'impiego delle risorse umane.

Andare d'accordo con il prossimo e rispettarlo, dare la giusta priorità al lavoro o alla carriera, comprare solo ciò che ci si può permettere, fare una fila ordinata alle casse dell'Esselunga o alle

Poste, non parcheggiare nel posto riservato ai disabili e via discorrendo.

Questo forte contrasto ci fa capire quanto ultimamente siamo sotto torchio.

Devi essere sempre

efficiente,puntuale,totalmente disponibile e dedito,bello,fisicato,lampadato,firmato, tecnologicamente all'avanguardia.

In sostanza devi assomigliare ad un algoritmo come quello usato per creare il gioco che utilizzi per distrarti sulla metro o in pausa pranzo. Ad ogni variante devi avere una perfetta soluzione pre calcolata.

E ti chiedi come puoi farcela a continuare così.

Hai tutte le ragioni di questo mondo per concludere che è davvero difficile essere all'altezza di ciò che ti viene richiesto senza pagarne caro dazio. E ti senti intrappolato.

Ma poi,se sei fortunato, interviene una forza che ti porta a rivalutare la tua situazione, a non sentirti così soffocato. Arriva la boccata d'aria. L'amore.

Può essere l'amore di una donna o di un uomo, l'amore di un figlio o di una figlia, di un genitore, di un amico, di qualcuno di particolarmente caro.

Quell'amore ti ricorda per cosa davvero vale la pena struggersi.

Ti ricorda cosa ha vero valore nella vita, in qualsiasi vita.

Un figlio che ti abbraccia, un bacio tenero del tuo compagno o compagna che ti dice "ti amo sei tutta la mia vita", tuo padre ormai avanti con gli anni che ti guarda con degli occhi profondi che riflettono quanto è orgoglioso di te, tua madre che a pranzo prepara il tuo piatto preferito.

Davanti a queste manifestazioni capisci che è davvero difficile ma puoi farcela.

Perché farcela non significa necessariamente essere quello che la gente vuole tu sia, essere il migliore in ufficio o in fabbrica, a scuola o in palestra, al club o chissà dove.

Farcela vuol dire principalmente essere all'altezza delle persone che ami. E' la loro opinione ciò che conta maggiormente.

Semplicistico? No. E' solo la pura verità, che piaccia oppure no.

Ti chiederai: ma se è vero che basta l'amore perché vivere in apnea 10-12-14 ore al giorno accontentandosi di qualche boccata di ossigeno ogni tanto?

Bella domanda. La risposta dipende da te.

Io non sono un uomo con grandissima esperienza, ma una cosa che ritengo di aver capito e che posso condividere è che molto dipende da quanto ti concentri, da quanto ti lascia assorbire dal vortice di ciò che ti circonda.

Se la necessità di essere sempre all'altezza di quello che in alcuni ambienti,specialmente nel lavoro, ti chiedono ti impedisce di pensare all'amore che dai e all'amore che ricevi, ti conviene invertire la rotta.

Per le persone che non ti amano o che non ti vogliono davvero bene sei solo un numero o un individuo da prosciugare, da usare, da spremere. Capisci che è così quando sei sfinito e non hai più nulla da dare, da produrre, da sfornare. In quel preciso istante vieni messo da parte e qualcuno immediatamente prende il tuo posto.

Non c'è spazio per mostrarti comprensione,misericordia,per re inventarsi un nuovo ruolo più vicino alle tue forze rimaste. No. Sei fuori, sei out. Ti dicono che hai mancato di determinazione, che non reputi importante ciò che facevi, che hai perso il senno. Sei solo una pallina di carta con cui fare centro nel cestino posto nell'angolo.

Questa è la realtà.

Questo dovrebbe aiutarci a capire l'amore, i valori non sono cose che definiamo importanti solo per puro semplicismo o perché è un'opinione di default con la quale cresciamo. Non è demagogia.

La vita ci impone continue escursioni sotto il pelo dell'acqua, dove per sopravvivere devi trattenere il fiato e più sai trattenerlo e meglio sembrano andare le

cose. 30 secondi, 60 secondi, 2 minuti,5
minuti.

Ma se non riesci ad essere l'Enzo Maiorca
della situazione non farne un dramma.

Ricordati, basta una spintarella verso
l'alto, una bella boccata di ossigeno, e
poi giù di nuovo.

E' difficile, ma stai sereno.

Ce la puoi fare.

L'amore è lì per aiutarti.

Conclusione

Questo lavoro termina qui.

Non so come lo troverete, spero almeno accettabile.

In tutti gli argomenti che ho affrontato ho espresso il mio pensiero e in quanto tale è assolutamente soggettivo.

Non voglio ergermi a maestro di vita, consigliere, tuttologo o altro. Opinionista? Neanche.

Ho solo voluto condividere alcune cose che mi stanno a cuore e dare voce, anzi lapis, ad alcuni pensieri o riflessioni.

Ringrazio il mio amico e artista Davide Bisi per l'opera grafica in copertina. Ringrazio la musica che mi ispira. Ringrazio la mia famiglia che mi sostiene. Ringrazio anche i quotidiani della mia città, Brescia, che negli anni hanno pubblicato i miei scritti dandomi fiducia e stimolandomi nel realizzare questo progetto.

Infine grazie a te che hai stretto tra le mani questo libro e mi hai permesso di parlarti.

Buona vita.

Dedicato a tutti coloro che sono convinti
di potercela fare.